COMPRENDRE LA LITTÉRATURE

MIXTE
Papier issu de sources responsables
Paper from responsible sources
FSC® C105338

AIMÉ CÉSAIRE

Cahier d'un retour au pays natal

Étude de l'œuvre

© Comprendre la littérature.

22 rue Gabrielle Josserand - 93500 Pantin.

ISBN 978-2-7593-1071-5

Dépôt légal : Août 2023

Impression Books on Demand GmbH

In de Tarpen 42

22848 Norderstedt, Allemagne

SOMMAIRE

- Biographie de Aimé Césaire.. 9

- Présentation de *Cahier d'un retour au pays natal*..... 13

- Résumé du recueil.. 17

- Les raisons du succès... 21

- Les thèmes principaux.. 25

- Étude du mouvement littéraire.................................. 29

- Dans la même collection.. 33

BIOGRAPHIE
AIMÉ CÉSAIRE

La France est une grande nation colonisatrice lorsqu'Aimé Césaire pousse son premier cri à Basse-Pointe le 26 juin 1903. Il passe toute son enfance en Martinique. Dans sa famille, il a la particularité d'avoir un grand-père instituteur. Cet homme est très impliqué dans l'apprentissage scolaire de ses petits-enfants. Après le lycée, Aimé s'envole loin des Antilles pour la métropole et Paris. Il est alors étudiant boursier et veut poursuivre son cursus sur place.

Quitter le département d'outre-mer lui permet de prendre conscience de la discrimination des gens de couleur, qu'ils soient des Antilles ou des pays d'Afrique noire.

Dans la capitale, il fait la rencontre de nombreux étudiants de couleur noire comme lui. Ensemble, ils vont fonder une revue : *L'Étudiant noir*. Léopold Sédar Senghor est de la partie.

Dans les pages de la revue, ils créent un nouveau concept et un nouveau mot qui n'existait pas jusqu'à présent, celui de « négritude ». Ce terme fait bien sûr référence à la colonisation et surtout celle pratiquée par la France. La cause noire est très importante aux yeux de Césaire.

Durant un séjour chez l'un de ses amis, il se lance dans l'écriture de *Cahier d'un retour au pays natal*. Marié et de retour en Martinique en 1939, il subit les dégâts de la guerre. Alors que les conditions se dégradent sur place, Césaire lance une nouvelle revue : *Tropiques*.

Dans son écriture littéraire, il mêle poésie en vers libres avec le fil de sa pensée. Il est un révolutionnaire plongé dans le surréalisme.

Une nouvelle revue, *La Présence africaine*, naît en 1947 *L'Anthologie de la nouvelle poésie noire et malgache*, un recueil de poèmes, paraît en 1948.

Césaire n'est pas seulement un écrivain, il est aussi engagé en politique. Il est député jusqu'en 1993 et maire de Pointe-à-Pitre jusqu'en 2001. Parfois considéré comme fondamentaliste car très engagé dans ses idées, il fait partie de ceux qui comparent nazisme et colonialisme, ces deux idéologies menant à l'asservissement de l'être humain. Pour lui, tout être humain doit avoir accès à la culture, à l'école, et le travail des artistes doit être valorisé quelle que soit la « race ».

Aimé Césaire décède en 2008 à la suite de problèmes cardiaques. Sa vie aura été marquée par sa pensée négritudiste et sa défense de la cause noire. Son parcours atypique fait de lui l'un des poètes les plus fameux du XXe siècle.

PRÉSENTATION DE CAHIER D'UN RETOUR AU PAYS NATAL

L'écriture du *Cahier d'un retour au pays natal* débute lors d'un séjour d'Aimé Césaire chez l'un de ses amis en 1936. Dans la pratique, il n'est pas vraiment de retour en Martinique et s'est imaginé les lieux. Ce n'est donc pas un carnet de voyage mais un possible ressenti de ses premiers pas de retour chez lui après des années d'absence.

Bien que l'écriture de ce poème ait pris plusieurs années, l'ouvrage ne compte qu'une quarantaine de pages et entre directement dans le vif du sujet. Césaire réussit à projeter rapidement le lecteur dans son combat. Le Cahier n'est pas un journal de bord mais un long poème retraçant le voyage mental d'Aimé Césaire dans son pays comme dans l'espace d'une journée.

Dans son œuvre se mêlent surréalisme, poésie en vers libres et en prose. Les métaphores abondent et le lecteur peut avoir du mal à les comprendre. La violence se lit entre les lignes. L'écriture est libre, les retours à la ligne sont au gré de l'auteur. La présentation du texte varie également selon le ton : il est justifié, puis centré ou parfois simplement ferré à gauche.

Tantôt l'auteur évoque les individus faisant partie de sa propre communauté, tantôt il en revient aux colonisateurs. Il veut défendre son propre peuple mais il semble accablé par la désolation. Cet ouvrage développe le concept de « négritude » présent dans toute l'œuvre d'Aimé Césaire.

Aujourd'hui, ce texte est étudié dans de nombreux établissements scolaires français. Aimé Césaire a marqué les prémices d'un mouvement littéraire, comme d'autres grands auteurs de leurs temps.

RÉSUMÉ DU RECUEIL

Aimé Césaire se voit revenir dans son pays affligé du spectacle qui s'offre à lui. Comme un prophète en ses terres. Les Martiniquais eux-mêmes se sont oubliés, sont restés passifs face à la misère. Césaire les compare à des « lépreux » vivant dans ces petites maisons, ces ruelles, cette puanteur. Ils sont là pour être là sans aucun but supplémentaire, ils ne font que vivre en attendant de mourir : « Ici la parade des risibles et scrofuleux bubons, les poutures de microbes très étranges, les poisons sans alexitère connu, les sanies de plaies bien antiques, les fermentations imprévisibles d'espèces putrescibles. »

Aimé Césaire découvre que la culture martiniquaise a disparu. Il accuse les « flics », les colonisateurs présents partout sur son île. Ils sont venus piller la culture antillaise. Cette île n'est plus celle des Martiniquais. Les « au bout du petit matin » répétés sans cesse laissent à penser que les instants sont interminables, que le matin dure toujours. Le temps semble très long. L'après-midi ne paraît pas exister.

Il y a aussi l'absence. La vie n'existe plus « dans cette ville inerte ». La religion n'a plus sa place, la foi a été perdue. À la première personne, Aimé Césaire, toujours croyant, veut être le porte-parole de la foi, un messager, un prophète, un représentant. Sa bouche sera la bouche des Martiniquais, pour parler et dire ce qu'ils ressentent.

Aimé Césaire regrette le passé. La rue Paille dans laquelle il s'aventure le surprend et le désole. Rien n'est comme avant son départ de ses terres. Le pays entier n'est plus rien face aux grandes villes européennes. Le soleil est remplacé par la mort. Les blancs ont semé la tristesse. Aimé Césaire veut voir son peuple libre et affranchi, avançant indépendant vers son propre destin.

Enfin, Aimé Césaire revendique la négritude : « Ma Négritude n'est pas une pierre, sa surdité. Ruée contre la clameur du jour. Ma Négritude n'est pas une taie d'eau morte. Sur l'œil mort de la terre. Ma Négritude n'est ni une tour ni une cathédrale. Elle plonge dans la chair rouge du sol. Elle plonge dans la chair ardente du ciel. Elle troue l'accablement opaque de sa droite patience. Eia pour le Kaïlcédrat royal ! Eia pour ceux qui n'ont jamais rien inventé. » La négritude est la substance de ce poème, elle est l'essence d'Aimé Césaire et de sa prose.

LES RAISONS
DU SUCCÈS

Cahier d'un retour au pays natal est un succès en raison de sa thématique et de sa nature dénonciatrice. Aimé Césaire montre l'état des pays colonisés et dénonce les pays colonisateurs qui, prétendant apporter leur puissance, exploitent les habitants.

L'œuvre est tout simplement universelle. Partout, les colonisateurs asservissent et surtout réduisent les peuples à un état inférieur, comme la France en Algérie par exemple.

Si beaucoup ont fait les louanges du colonialisme, le considérant comme la solution pour apporter la civilisation à des pays que les européens considéraient comme sauvages, les plus indépendantistes des Africains ont vu en cela une aliénation de l'homme.

Aimé Césaire a, à l'époque de la parution du livre, le courage de dire tout haut ce que tout le monde pense tout bas. Dans les années 1930, la population pense plutôt à la Seconde Guerre mondiale, tandis que l'auteur a d'abord en tête son propre peuple. Il veut le sortir de cette aliénation et ne plus le voir englué, dépendant des colonisateurs.

Cet ouvrage appartient au mouvement de la négritude, terme créé par l'auteur. Ce concept inédit est important au niveau national comme au niveau international, puisqu'il s'applique bien au-delà de la France. Nombreux sont ceux qui y sont opposés, car parler de négritude revient à dénigrer la colonisation et tout ce qu'elle aurait apporté de bon. Mais cette nouvelle vision gagne l'adhésion des peuples à travers le monde car elle insuffle un espoir, un sentiment de liberté.

LES THÈMES
PRINCIPAUX

Le thème central du *Cahier d'un retour au pays natal* est le colonialisme. L'auteur le dénonce en évoquant le résultat et la cause. Son exercice est ainsi double.

D'une part, est décrite l'aliénation de l'homme, son enchaînement. L'esclavagisme a pris une autre forme. On asservit à ciel ouvert et c'est tout un pays, un territoire, qui se trouve dans le même état. Pour Césaire, l'homme colonisé est prisonnier d'un destin qui semble déjà tout tracé. Seul le sang neuf du visiteur venu de l'extérieur peut se rendre compte de l'état de la situation.

Aimé Césaire donne le sentiment d'arriver dans un lieu calme, en contraste avec l'image de la Martinique, sa joie de vivre et la bonne humeur de ses habitants. Il n'y a pas d'ébullition, tout est discret. Les choses paraissent tellement immobiles, ancrées dans les chemins et les murs. Où est la vie qui est propre aux Martiniquais ?

D'autre part, Aimé Césaire s'insurge contre les causes et justifications du colonialisme. Une longue phrase montre sa révolte : « Et la voix prononce que l'Europe nous a pendant des siècles gavés de mensonges et gonflés de pestilences, car il n'est point vrai que l'œuvre de l'homme est finie que nous n'avons rien à faire au monde que nous parasitons le monde qu'il suffit que nous nous mettions au pas du monde mais l'œuvre de l'homme vient seulement de commencer et il reste à l'homme à conquérir toute interdiction immobilisée aux coins de sa ferveur et aucune race ne possède le monopole de la beauté, de l'intelligence et de la force. »

Pour Césaire, tout ce que les européens ont voulu imposer de force n'est pas réel. Ils n'ont pas le monopole de la civilisation, ils ne sont pas supérieurs à l'homme de couleur. Ils ont longtemps imposé un mode de pensée, selon lequel l'homme noir est dans un état passif parce que tel est son destin. Selon Césaire, cette vision des choses s'apparente au nazisme, car elle impose l'infériorité à un peuple.

ÉTUDE DU MOUVEMENT LITTÉRAIRE

La négritude est le mouvement dans lequel s'inscrit *Cahier d'un retour au pays natal*. Crée par Césaire lui-même en 1935 au travers de la revue *L'Étudiant noir*, le concept de négritude s'élève contre le joug du colonialisme. Il lutte pour que tous les êtres humains soient indépendants et possèdent leur culture propre.

Le propre de ce mouvement est de présenter ses revendications avec des images très fortes, parfois très violentes. Le but est de dénoncer et de susciter la révolte. La négritude est par ailleurs proche du surréalisme.

La négritude est revendiquée comme une fierté d'appartenir à une autre culture qui est opprimée. Elle répond à l'air du temps en mêlant expression artistique et politique.

Ce mouvement va bien au-delà de la seule littérature puisqu'il s'inscrit également dans l'histoire politique. Il prend racine dans l'esprit étudiant des années 1930. En observant les différences, des étudiants venus des Antilles et d'Afrique vont lancer ce mouvement à travers des revues puis des ouvrages plus importants. Aimé Césaire, Lépold Sédar Senghor, Léon Damas forment une véritable communauté solidaire. La rencontre avec des auteurs américains auront par ailleurs une très grande importance dans le développement du registre.

Léopold Sédar Senghor est lui aussi poète et homme politique sénégalais. Il a été ministre en France avant que le Sénégal ne gagne son indépendance. Il chante l'espoir universel mais aussi la négritude dans ses écrits. Lorsqu'Aimé Césaire sort son *Cahier*, Senghor entre dans l'armée au régiment d'infanterie, parmi des Africains tandis qu'il a été naturalisé français. Arrêté par les nazis, il en sortira indemne. Poète, Senghor est un symboliste qui prône la paix et l'égalité des hommes.

Léon Gontran Damas apparaît comme un représentant de

la négritude encore plus violent que Césaire et Sédar Senghor. Dans son recueil de poèmes, *Pigments* (1937), il attaque l'éducation créole elle-même. À la différence de ses amis, Damas est métis.

D'autres auteurs peuvent compléter la liste comme Jean Price Mars, René Maran... Tous sont issus de la diaspora et sont le fruit du colonialisme.

DANS LA MÊME COLLECTION
(par ordre alphabétique)

- **Anonyme**, *La Farce de Maître Pathelin*
- **Anouilh**, *Antigone*
- **Aragon**, *Aurélien*
- **Aragon**, *Le Paysan de Paris*
- **Austen**, *Raison et Sentiments*
- **Balzac**, *Illusions perdues*
- **Balzac**, *La Femme de trente ans*
- **Balzac**, *Le Colonel Chabert*
- **Balzac**, *Le Lys dans la vallée*
- **Balzac**, *Le Père Goriot*
- **Barbey d'Aurevilly**, *L'Ensorcelée*
- **Barbey d'Aurevilly**, *Les Diaboliques*
- **Bataille**, *Ma mère*
- **Baudelaire**, *Les Fleurs du Mal*
- **Baudelaire**, *Petits poèmes en prose*
- **Beaumarchais**, *Le Barbier de Séville*
- **Beaumarchais**, *Le Mariage de Figaro*
- **Beauvoir**, *Mémoires d'une jeune fille rangée*
- **Beckett**, *En attendant Godot*
- **Beckett**, *Fin de partie*
- **Brecht**, *La Noce*
- **Brecht**, *La Résistible ascension d'Arturo Ui*
- **Brecht**, *Mère Courage et ses enfants*
- **Breton**, *Nadja*
- **Brontë**, *Jane Eyre*
- **Camus,** *L'Étranger*
- **Carroll**, *Alice au pays des merveilles*
- **Céline**, *Mort à crédit*

- **Céline**, *Voyage au bout de la nuit*
- **Césaire**, *Cahier d'un retour au pays natal*
- **Chateaubriand**, *Atala*
- **Chateaubriand**, *René*
- **Chrétien de Troyes**, *Perceval*
- **Cocteau**, *La Machine infernale*
- **Cocteau**, *Les Enfants terribles*
- **Colette**, *Le Blé en herbe*
- **Corneille**, *Le Cid*
- **Crébillon fils**, *Les Égarements du cœur et de l'esprit*
- **Defoe**, *Robinson Crusoé*
- **Dickens**, *Oliver Twist*
- **Du Bellay**, *Les Regrets*
- **Dumas**, *Henri III et sa cour*
- **Duras**, *L'Amant*
- **Duras**, *La Pluie d'été*
- **Duras**, *Un barrage contre le Pacifique*
- **Flaubert**, *Bouvard et Pécuchet*
- **Flaubert**, *L'Éducation sentimentale*
- **Flaubert**, *Madame Bovary*
- **Flaubert**, *Salammbô*
- **Gary**, *La Vie devant soi*
- **Giraudoux**, *Électre*
- **Giraudoux**, *La Guerre de Troie n'aura pas lieu*
- **Gogol**, *Le Mariage*
- **Homère**, *L'Odyssée*
- **Hugo**, *Hernani*
- **Hugo**, *Les Misérables*
- **Hugo**, *Notre-Dame de Paris*
- **Huxley**, *Le Meilleur des mondes*
- **Jaccottet**, *À la lumière d'hiver*
- **James**, *Une vie à Londres*
- **Jarry**, *Ubu roi*

- **Kafka**, *La Métamorphose*
- **Kerouac**, *Sur la route*
- **Kessel**, *Le Lion*
- **La Fayette**, *La Princesse de Clèves*
- **Le Clézio**, *Mondo et autres histoires*
- **Levi**, *Si c'est un homme*
- **London**, *Croc-Blanc*
- **London**, *L'Appel de la forêt*
- **Maupassant**, *Boule de suif*
- **Maupassant**, *Le Horla*
- **Maupassant**, *Une vie*
- **Molière**, *Amphitryon*
- **Molière**, *Dom Juan*
- **Molière**, *L'Avare*
- **Molière**, *Le Malade imaginaire*
- **Molière**, *Le Tartuffe*
- **Molière**, *Les Fourberies de Scapin*
- **Musset**, *Les Caprices de Marianne*
- **Musset**, *Lorenzaccio*
- **Musset**, *On ne badine pas avec l'amour*
- **Perec**, *La Disparition*
- **Perec**, *Les Choses*
- **Perrault**, *Contes*
- **Prévert**, *Paroles*
- **Prévost**, *Manon Lescaut*
- **Proust**, *À l'ombre des jeunes filles en fleurs*
- **Proust**, *Albertine disparue*
- **Proust**, *Du côté de chez Swann*
- **Proust**, *Le Côté de Guermantes*
- **Proust**, *Le Temps retrouvé*
- **Proust**, *Sodome et Gomorrhe*
- **Proust**, *Un amour de Swann*
- **Queneau**, *Exercices de style*

- **Quignard**, *Tous les matins du monde*
- **Rabelais**, *Gargantua*
- **Rabelais**, *Pantagruel*
- **Racine**, *Andromaque*
- **Racine**, *Bérénice*
- **Racine**, *Britannicus*
- **Racine**, *Phèdre*
- **Renard**, *Poil de carotte*
- **Rimbaud**, *Une saison en enfer*
- **Sagan**, *Bonjour tristesse*
- **Saint-Exupéry**, *Le Petit Prince*
- **Sarraute**, *Enfance*
- **Sarraute**, *Tropismes*
- **Sartre**, *Huis clos*
- **Sartre**, *La Nausée*
- **Senghor**, *La Belle histoire de Leuk-le-lièvre*
- **Shakespeare**, *Roméo et Juliette*
- **Steinbeck**, *Les Raisins de la colère*
- **Stendhal**, *La Chartreuse de Parme*
- **Stendhal**, *Le Rouge et le Noir*
- **Verlaine**, *Romances sans paroles*
- **Verne**, *Une ville flottante*
- **Verne**, *Voyage au centre de la Terre*
- **Vian**, *J'irai cracher sur vos tombes*
- **Vian**, *L'Arrache-cœur*
- **Vian**, *L'Écume des jours*
- **Voltaire**, *Candide*
- **Voltaire**, *Micromégas*
- **Zola**, *Au Bonheur des Dames*
- **Zola**, *Germinal*
- **Zola**, *L'Argent*
- **Zola**, *L'Assommoir*
- **Zola**, *La Bête humaine*

- **Zola**, *Nana*
- **Zola**, *Pot-Bouille*